NOTICE

SUR LA

VIE DE SŒUR MARIE-BERNARD

(BERNADETTE DE LOURDES)

NOTICE

SUR LA VIE

DE

SŒUR MARIE-BERNARD

(BERNADETTE DE LOURDES)

DANS L'INSTITUT

DES SŒURS DE LA CHARITÉ ET DE L'INSTRUCTION CHRÉTIENNE

DE NEVERS

PAR

AUGUSTIN FORCADE

Archevêque d'Aix, ancien Évêque de Nevers

AIX

A. MAKAIRE, IMPRIMEUR DE L'ARCHEVÊCHÉ

2, rue Pont-Moreau, 2

1879

AVANT-PROPOS

L'auteur de cette notice a été, pendant sept ans, l'Evêque de sœur Marie-Bernard, et il y avait déjà près de trois années qu'il était entré en rapport avec elle, quand elle devint à Nevers sa diocésaine. Il l'a donc eue longtemps sous la main, et il atteste avoir vu ou entendu, ou recueilli immédiatement de la bouche des témoins, tout ce qu'il avance à son sujet. *Quod audivimus, quod vidimus oculis nostris, quod perspeximus..... testamur.*

Il n'a du reste d'autre but, en publiant cet opuscule, que de combler certaines lacunes et de rectifier certaines erreurs, qu'il a remarquées avec peine dans ce qu'on a déjà publié sur la vie de la Vierge de Lourdes, pendant qu'elle appartenait au pieux institut des sœurs de Nevers. On s'est trop hâté sans doute de tracer le tableau de cette existence, peu connue des personnes mêmes qui l'ont envisagée de près, et il en résulte qu'on est loin d'en avoir donné un portrait achevé. Tel détail important y fait absolument défaut, tel autre détail insignifiant y est trop chargé de couleurs. Dans cette œuvre précipitée, qui semble faite surtout pour la montre, nous ne reconnaissons presque rien de ce que nous avons vu de nos yeux.

Un jour viendra peut-être, et nous l'appelons de tous nos vœux, où une vie de si haut intérêt sera pleinement rétablie dans sa vérité, non par un spéculateur, mais par un homme de Dieu.

Aix, le 28 août 1879.

NOTICE

SUR LA

VIE DE BERNADETTE DE LOURDES

DANS L'INSTITUT

DES SŒURS DE NEVERS

I

SA VOCATION

Dans la matinée du vendredi 25 septembre 1863, j'arrivais à Lourdes pour la première fois. Ce qui m'y avait surtout attiré, c'était le désir de faire connaissance avec Bernadette, que je savais refugiée à l'Hôtel-Dieu de cette ville, chez mes excellentes sœurs de Nevers. Aussi mon premier mot à la supérieure fut-il celui-ci :

« Vous allez me montrer Bernadette. »

La supérieure me répondit avec beaucoup de sens :

« Aussitôt que vous le voudrez. Cependant, pour ne pas exposer cette petite à quelque tentation de vaine gloire, peut-être ferez-vous bien d'attendre que vous la rencontriez dans la maison, quand vous en ferez la visite. Nous l'employons à la cuisine, c'est là que vous la trouverez. »

Je ne pus que déférer à un avis aussi sage. Mais, en jetant un œil assez distrait sur les diverses salles de l'établissement, où je fus d'abord conduit, j'attendais avec impatience qu'on me fît entrer à la cuisine. On l'avait réservée pour la fin, et elle me semblait toujours fuir devant moi.

Nous y arrivons pourtant, et, au moment même où l'on m'en ouvre la porte, mes yeux se fixent d'une manière irrésistible sur une jeune fille coiffée d'une marmotte, pauvrement vêtue et de chétive apparence, qui était assise sur un petit billot au coin de la cheminée, et grattait tout simplement une carotte.

La supérieure me dit à l'oreille : « C'est ça. »

Sans s'émouvoir ni se déranger, Bernardette continue son opération, tandis que j'ai l'air de faire l'inspection du local et que j'échange quelques mots avec la sœur de l'emploi.

Celle-ci, voyant que je fais mine de me retirer, se jette à mes pieds et me demande ma bénédiction. J'invite Bernadette à en faire autant. Elle se lève, sans mot dire, s'agenouille à son tour, baise mon anneau et retourne à sa carotte.

Je sors.

Cette première conversation avec *la Voyante* m'avait, je l'avoue, semblé courte. Je m'efforçai donc de faire comprendre à la supérieure que je n'étais pas venu de si loin pour si peu. Elle me donna l'assurance qu'elle me fournirait une prochaine occasion de m'y reprendre.

En effet, Bernadette fut adjointe à mon domestique pour le service de table pendant le déjeuner. Mais ce n'était pas encore là que je pouvais avoir avec elle un entretien tant soit peu sérieux. Je n'eus rien de plus pressé, après le repas, que de prier formellement la supérieure de me l'amener au parloir et de me laisser seul avec elle.

Je commence, dans ce tête-à-tête, par l'interroger assez longuement sur le fait des apparitions, et j'essaie même de l'embarrasser à ce sujet, mais je n'y réussis aucunement. J'avais remarqué, pendant qu'elle me servait à table, que le patois des Pyrénées était son langage habituel, et il m'avait semblé qu'elle comprenait fort peu le français. Elle m'étonne maintenant par sa facilité à me comprendre et à me répondre. S'exprimant en un français correct, clair et précis, sans chercher un instant ses mots, elle est imperturbable et rien ne l'embarrasse. On dirait que ses réponses, toujours satisfaisantes, jaillissent toutes seules de ses lèvres, en quelque sorte à son insu, comme par inspiration. C'est d'ailleurs un phénomène que j'ai de nouveau constaté par la suite, chaque fois que je l'ai entendue fournir les explications qui lui étaient demandées sur les apparitions de Lourdes.

Ce sujet épuisé à ma pleine satisfaction, je lui dis :

« Et maintenant, ma chère enfant, qu'allez-vous devenir ?

Après un moment d'hésitation :

— « Mais rien ! »

— « Comment rien ? Il faut pourtant bien faire quelque chose dans ce bas monde. »

« — Eh bien, je suis chez les chères sœurs. »

« — Sans doute , mais vous n'y êtes et ne pouvez y être que passagèrement. »

— « J'y resterai bien toujours. »

— « C'est facile à dire, mais difficile à réaliser. De ce qu'on vous a reçue provisoirement, par charité, il ne faut pas conclure qu'on vous gardera à tout jamais. »

— « Pourquoi pas ? »

— « Parce que vous n'êtes pas sœur, et qu'il est indispensable de l'être pour être admise à titre définitif dans une communauté de sœurs.

« Il est permis, il est vrai, aux sœurs de Nevers de prendre des servantes, quand elles ne peuvent suffire, elles seules, au travail matériel, et il arrive parfois qu'elles gardent leurs servantes indéfiniment ; mais ici vous n'êtes pas même une domestique. Vous êtes précisément dès aujourd'hui ce que tout-à-l'heure vous prétendiez devenir, vous n'êtes *rien*, et sur ce pied-là on ne fait jamais long feu nulle part. »

Bernadette parait pensive et ne sait plus que répliquer. Je reprends, après un moment de silence :

« Voilà que vous n'êtes plus une enfant ; vous seriez peut-être bien-aise de trouver dans le monde un petit établissement sortable. »

Vivement :

— « Ah ! pour ça non, par exemple ! »

— « Mais alors, pourquoi ne vous feriez-vous pas sœur ? N'y avez-vous jamais songé ? »

— « C'est impossible. Vous savez bien que je suis pauvre ; je n'aurai jamais la dot nécessaire. »

— « Cet obstacle, ma chère enfant, n'est pas si grand que vous l'imaginez. Quand des demoiselles, appartenant à une famille riche ou même simplement aisée, se présentent comme postulantes, nous exigeons d'elles une dot, et cela doit être. Il est de toute équité qu'elles contribuent pour leur part aux charges d'une congrégation qui les prend à sa charge pour la vie. Mais lorsque nous reconnaissons en des filles pauvres une vraie vocation, nous n'hésitons pas à les recevoir sans dot. Pour ce qui vous concerne, je ne crains pas de vous promettre dès à présent qu'on ne vous en demandera pas. »

— « Mais les demoiselles que vous prenez sans dot sont des habiles et des savantes, qui vous en dédommageront bien. Pour moi, je ne sais rien et ne suis bonne à rien. »

— « Vous méconnaissez vos talents. J'ai pu constater de mes propres yeux, ce matin même, que vous êtes bonne à quelque chose. »

— « A quoi donc ? »

D'un air sérieux et convaincu :

— « A gratter des carottes. »

Ne pouvant contenir un éclat de rire :

— « Bah ! ce n'est pas difficile, cela ! »

— « N'importe ! Il faut encore savoir le faire et s'y prêter volontiers. Or, voyez-vous, ces belles demoiselles, dont vous me parliez tout-à-l'heure, elles mangent bien des carottes, mais elles n'aiment pas à en gratter. Elles préfèrent exercer la finesse de leurs doigts sur le papier, sur les ouvrages délicats, voire sur le piano. Quand elles se font sœurs, on les emploie naturellement comme maîtresses dans les écoles ou les pensionnats, et elles y mourraient bientôt de faim, si elles n'avaient auprès d'elles quelques humbles compagnes pour peler leurs légumes. Soyez tranquille, on trouvera bien quelque moyen de vous utiliser, sans compter qu'on ne manquera pas de vous donner au noviciat une bonne partie de l'instruction qui vous fait défaut. »

— « Puisqu'il en est ainsi, j'y penserai, mais je ne me sens pas encore décidée. »

— « Eh bien, oui, pensez-y, consultez votre confesseur, et priez surtout la Sainte-Vierge, qui n'a pas dédaigné de vous apparaître, de vous obtenir de son divin Fils les lumières et les grâces qui vous sont nécessaires. Puis, si le cœur vous en dit, vous demanderez à la mère supérieure d'en donner avis soit à la mère générale, soit à moi, et je me charge du reste. »

Ce fut le dernier mot de notre conversation.

On écrivait dernièrement :

A quel moment précis remontait la vocation religieuse de Bernadette ? C'est ce que nul ne peut dire, c'est ce qu'elle-même ignorait peut-être.

La réponse est ci-dessus, et elle n'est point ailleurs. Bernadette, je le sais, n'a jamais perdu plus que moi le souvenir de cette entrevue.

II

SON NOVICIAT

Cependant une année presque entière s'écoule avant que Bernadette me fasse donner de ses nouvelles. C'est seulement au mois d'août 1864 qu'elle manifeste son désir d'entrer au Noviciat ; et encore sa mauvaise santé ne permet-elle pas qu'on lui en ouvre les portes avant le 8 juillet 1866. Elle reste, en attendant, chez les sœurs de Lourdes.

Il y avait donc près de trois ans que je l'avais vue dans cette ville, quand elle arriva à Nevers. Je ne lui avais rien fait dire depuis lors, et personne non plus, à ma connaissance, n'avait agi sur elle, de quelque manière que ce fût, pour la décider à entrer dans la congrégation (1). Elle s'y détermina

(1) On a voulu insinuer que M. le curé Peyramale y avait été pour quelque chose. C'est possible, mais Sr Marie-Bernard ne m'en a jamais rien dit, et je ne me rappelle même pas qu'elle m'ait une seule fois parlé de lui depuis son arrivée à Nevers. Je crains qu'en faisant intervenir à tout propos et souvent hors de propos ce prêtre respectable, on ne finisse par faire rejaillir sur sa mémoire un ridicule immérité.

d'elle-même, en ayant simplement recours, pour s'éclairer, aux moyens surnaturels que je lui avais indiqués.

Le fait le plus saillant de son noviciat, c'est qu'elle y garda un silence complet sur les apparitions de Lourdes. Pour l'éprouver sur ce point, la maîtresse avait défendu à ses novices et postulantes de lui en parler. Celles-ci obéirent religieusement, et bien que cette défense lui fût sans doute inconnue, elle-même ne se montra pas moins discrète. On a toujours remarqué du reste qu'elle se taisait absolument sur Lourdes, à moins que l'obéissance ou la bienséance ne lui fît un devoir de répondre aux questions qui lui étaient adressées.

Il faudrait peu connaître l'homme, envisagé surtout au féminin, pour considérer ce petit fait comme insignifiant. Je ne crains pas de le proclamer véritablement héroïque et de l'inscrire comme tel à l'actif des novices aussi bien qu'à celui de Bernadette. Vous figurez-vous d'un côté celle-ci sortant de Lourdes, où elle a reçu des communications célestes ; de l'autre côté, plus d'une centaine de jeunes personnes électrisées par la célébrité de son nom, se voyant, se rencontrant, se parlant tous les jours, pendant une année tout entière, sans que jamais s'échappe de leurs lèvres un mot, un seul mot, sur ce qui déborde évidemment de leur imagination, de leur esprit et de leur cœur ! Si, pour expliquer un pareil prodige, on n'estime pas nécessaire de recourir au surnaturel, on conviendra du moins que rien ne peut donner une plus haute idée du noviciat des sœurs de Nevers.

A part ce remarquable incident, on ne peut rien signaler d'extraordinaire dans l'attitude ou dans la conduite de celle qui a été l'objet des prédilections de la Reine des cieux. Elle se montre régulière et édifiante en tout et pour tout ; mais, dans l'accomplissement même de ses devoirs de piété, elle ne dépasse pas extérieurement le niveau commun. Point de ravissements ni d'extases, pas même de pieux exercices ou d'austérités en dehors de ce que prescrit la règle ou le coutumier. Elle passerait tout-à-fait inaperçue, s'il était possible d'oublier l'événement miraculeux qui l'a mise en évidence devant le monde entier. Il n'en sera pas autrement après sa profession.

Et il nous semble comprendre pourquoi Dieu a voulu qu'il en fût ainsi. Elle était prédestinée à servir de modèle aux multitudes innombrables qui devaient venir prier après elle à la grotte de Massabielle. Il fallait qu'elle restât à la portée de tous et qu'elle ne décourageât personne par des actes extérieurs de piété et de vertu trop au-dessus de ce qu'on peut généralement atteindre. Telle qu'elle nous est apparue, dans la simplicité de sa foi et de sa vie chrétienne, elle est et demeurera le vrai type des pèlerins de Lourdes.

Un fait évangélique confirme en nous ce sentiment. Quel est celui qui aida Notre Seigneur à porter sa croix sur le Calvaire ? Un homme obscur, sans aucun avantage extérieur, en apparence le premier venu, cédant à la contrainte plutôt qu'animé de bonne volonté : *angariaverunt eum*. Mais n'est-ce pas justement en considération de ces titres négatifs qu'il eut le souverain honneur d'être le type immortel de notre pauvre humanité marchant péniblement, la croix sur l'épaule, à la suite de son Rédempteur ? *Infirma mundi elegit Deus*.

En dehors de son couvent, on était très disposé à considérer Bernadette comme une thaumaturge, et nous n'ignorons pas qu'on lui a plus d'une fois attribué des miracles. Mais la vérité est qu'elle n'en a jamais fait, et qu'elle avait encore moins la prétention d'en faire. Je lui ai demandé à deux ou trois reprises si, depuis les célèbres apparitions, elle avait revu la Ste Vierge ou reçu quelque autre grâce extraordinaire : *Jamais*, m'a-t-elle répondu très-nettement ; *à présent, je suis comme tout le monde.*

Cependant elle n'était pas précisément comme tout le monde. J'ai constamment observé que son attrait le mieux caractérisé était celui de vivre inconnue et de n'être comptée pour rien, ce qui est très-rare, même parmi les âmes qui tendent à la perfection. Personne ne mit jamais mieux en pratique cette belle maxime de l'Imitation : *Ama nesciri et pro nihilo reputari.*

Ne s'effaçait-elle ainsi que par défaut de moyens? On ne saurait l'admettre. D'abord les sots ont naturellement beaucoup plus de tendance à se produire qu'à s'éclipser. Puis Bernadette, entrée fort ignorante au noviciat, y fit d'assez rapides progrès dans ses études pour faire preuve d'une intelligence au-dessus du vulgaire. Elle avait même ce qu'on appelle de l'esprit, et ses saillies ou ses réparties heureuses, quand on la fatiguait de questions indiscrètes, ne peuvent laisser aucun doute à cet égard. Cet esprit scintillait jusque dans ses yeux, d'une transparence et d'une beauté indéfinissables, où semblaient se refléter encore les rayons célestes qu'ils avaient contemplés.

Elle était aussi fort adroite de ses mains. Il lui fallut peu de temps pour apprendre les divers travaux d'aiguille, même les plus difficiles et les plus délicats, et elle compta bientôt parmi les meilleures ouvrières d'une communauté, où l'on en rencontre pourtant d'une habileté peu commune.

Avant la fin du premier mois de son postulat dans la maison-mère, Bernadette fut admise au saint habit. Elle le reçut le 29 juillet 1866, et ce fut alors que son nom fut changé en celui de sœur Marie-Bernard.

L'Evêque de Nevers présida la cérémonie.

La divine Providence y avait amené, comme fortuitement, deux grands serviteurs de Dieu et de son Eglise, Mgr de Mérode et M. le comte Lafond. Ils apparaissaient là comme de nobles ambassadeurs, ayant mission de représenter sur la terre la Reine des cieux à l'heure solennelle où sa fille bien-aimée se dépouillait des haillons du siècle pour se revêtir de la robe royale des sœurs de charité.

Et ils étaient l'un et l'autre véritablement dignes de cet honneur.

Ces deux hommes, d'aspect si différent et de nature si diverse, avaient cependant entre eux plus d'un trait de ressemblance. Ils étaient animés d'une même ardeur, d'un même dévouement, d'une même générosité pour toutes les saintes causes. Ils dédaignaient également d'user de leur grande fortune pour les jouissances vulgaires du luxe ou pour n'importe quelle autre satisfaction personnelle ; mais ils étaient toujours prêts à en prodiguer les ressources pour les bonnes œuvres et premièrement pour les besoins du Saint-Siége. Seulement, chacun y procédait selon son caractère : l'un très-ouvertement, quoique sans ostentation ; l'autre très secrètement, quoique sans aucun souci des jugements du monde. M. Lafond était à la lettre le bienfaiteur selon l'Evangile, dont la main gauche ignore ce que donne la main droite ; Mgr de Mérode, vrai successeur de l'intrépide S. Laurent, le grand aumônier du Pape S. Sixte, jetait sans y regarder son argent au vent (1), et si pour ce fait on l'eût aussi mis sur

(1) Dispersit, *dedit pauperibus*. Paroles du psaume CXI, appliquées à S. Laurent, dans l'office de sa fête.

le gril, il aurait été de force comme d'humeur à redire : *Assatum est jam, versa et manduca* : « Rôti à point, tourne ami bourreau, et bon appétit ! »

Leur mémoire, momentanément associée à celle de Bernadette, restera pareillement en bénédiction.

III

SA PROFESSION

Sœur Marie-Bernard a eu le singulier privilége de faire deux fois sa profession, dans les termes et dans les conditions où la faisaient les sœurs de Nevers, avant l'approbation de leur institut par le Saint-Siége (1). Voici dans quelles circonstances.

Un louable usage de cette congrégation permet d'admettre à la profession les novices en danger de mort, alors même quelles sont encore éloignées du terme régulier de leur épreuve. On en est quitte, si elles reviennent à la santé, pour les faire rentrer au noviciat et leur en faire reprendre les exercices, malgré leur qualité de professes, jusqu'à l'expiration du temps exigé par les constitutions.

Tel fut le cas de Sr Marie-Bernard, mais avec une variante, unique dans son genre, d'où il résulta qu'après avoir fait *in extremis* profession dans son

(1) Cette approbation ne date que du 20 août 1870.

lit, elle dut s'y reprendre plus tard à l'église, conformément au cérémonial ordinaire.

Racontons d'abord l'histoire de la première profession. La pauvre sœur avait une santé déplorable ; c'était sans doute la conséquence de la promesse que la Sainte Vierge lui avait faite du bonheur de l'autre vie, au prix de beaucoup de souffrances dans celle-ci. Elle traînait incessamment avec elle deux ou trois maladies graves et incurables, se traduisant de temps à autre par des crises violentes, qui la mettaient à deux doigts de la mort.

La première de ces crises eut lieu le jeudi 25 octobre 1866. Le soir de ce jour, entre 9 et 10 heures, au moment où j'allais me mettre au lit, mon valet de chambre vint me prévenir que deux sœurs de Nevers, accourues à l'Evêché, demandaient absolument à me parler pour affaire urgente.

Je m'empresse d'aller les trouver.

— « Qu'y a-t-il donc pour que vous m'arriviez à pareille heure ? »

— « Le médecin a déclaré que sœur Marie-Bernard ne passerait pas la nuit, et la mère générale nous envoie vous demander la permission de l'admettre à la profession. »

— « Je ferai mieux. Je ne veux céder à personne l'honneur de recevoir la profession de cette âme privilégiée. Retournez à Saint-Gildard et annoncez-moi ; je vous suivrai de près. »

J'y suis en effet rendu presque en même temps qu'elles, et je me hâte de monter à l'infirmerie. Je trouve la malade haletante, pour ne pas dire râlante ; elle venait de vomir toute une cuvette de sang, qui était encore là près de son lit.

Je l'aborde.

« Vous allez mourir, ma chère enfant, et l'on me dit que vous désirez faire profession. Me voici pour la recevoir. »

Alors d'une voix mourante :

— « Je ne pourrai prononcer la formule..... pas de force ! »

— « Ce n'est pas une difficulté. Je vais la prononcer pour vous. Il vous suffira de répondre : *Ainsi soit-il* ! »

Ainsi fut fait. Je lui adressai quelques paroles d'encouragement, je la bénis, je la priai de ne pas m'oublier dans le ciel, et je me retirai tout ému, persuadé que je ne la reverrais plus vivante.

Comme on l'apprit plus tard par expérience,

Sr Marie-Bernard se relevait tout d'un coup de ces crises terribles. Au moment où l'on n'attendait plus que son dernier soupir, on était fort étonné de lui voir reprendre vie, comme en un clin d'œil.

La supérieure générale, qui avait assisté à la cérémonie, restait au pied de son lit avec la pieuse intention de lui fermer les yeux.

A peine étais-je sorti que l'agonisante, retrouvant la parole, lui dit en souriant :

« Vous m'avez fait faire profession, parce que vous croyez que je mourrai cette nuit. Eh bien, je ne mourrai pas cette nuit. »

— « Comment, reprend la supérieure d'un ton sévère, vous saviez que vous ne deviez pas mourir cette nuit, et vous ne me l'avez pas dit ! Et vous êtes ainsi cause qu'on a fait venir Monseigneur à une heure indue, et qu'on a mis tout en l'air à votre intention. Vous n'êtes qu'une petite sotte. Je vous déclare que, si vous n'êtes pas morte demain matin, je vous enlève le voile de professe qu'on vient de vous donner, et je vous renvoie au noviciat avec votre voile de simple novice. »

La sœur conservant son calme et continuant à sourire :

— « Comme il vous plaira, ma chère mère. »

Le lendemain matin, sœur Marie-Bernard n'était pas morte, et bientôt après elle rentrait humblement au noviciat à son rang et avec son voile de novice.

Ceux qui n'ont pas connu la mère Joséphine Imbert, alors supérieure générale, s'étonneront sans doute ou peut-être même se scandaliseront de sa conduite dans cette circonstance. Ils trouveront qu'elle s'est montrée bien dure envers sa fille moribonde, alors surtout qu'il s'agissait d'une telle fille. Mais nous savons, nous, qu'elle s'est au contraire montrée aussi charitable pour celle-ci que dure pour elle-même. On a dit de cette supérieure, l'une des plus accomplies et la plus capable que le ciel donna jamais à son institut, qu'ayant une tête d'homme, elle n'en gardait pas moins son cœur de femme, et qu'elle savait admirablement concilier ce cœur et cette tête. Rien n'est plus vrai. Seulement, elle redoutait à tel point pour la privilégiée de Lourdes les périls effroyables de l'orgueil, que vis-à-vis d'elle sa tête seule paraissait. Elle estimait de son devoir de la traiter avec froideur, avec rigueur même, et de l'humilier en toute occasion. Quoi qu'il en coûtât à son cœur, elle soutint jusqu'à la fin ce rôle pénible qu'elle s'était imposé, et qui est d'ailleurs une preuve assez évidente de la haute opinion que cette grande intelligence avait de la vertu de Bernadette.

J'avoue pourtant que la mesure me parut cette fois excessive, et je ne dissimulai pas à la chère mère Joséphine qu'elle avait, à mon avis, outrepassé ses pouvoirs. Toutefois, comme je n'aurais voulu pour rien au monde donner un dessous à son autorité, et qu'il est toujours loisible de renouveler ses vœux, je maintins la décision. Il fut en conséquence convenu que la Sr Marie-Bernard serait comprise dans la première profession générale, comme si elle n'était pas déjà professe.

D'après un certain auteur, qui est souvent à côté de la vérité pure et simple, le motif de cette résolution aurait été que les vœux faits à l'infirmerie *n'étaient que conditionnels*. C'est une complète erreur. Les vœux que la sœur fit premièrement dans son lit et secondement à l'église, ont été exactement les mêmes. Les uns et les autres furent aussi absolus et définitifs que l'étaient à cette époque les vœux des sœurs de Nevers. La première émission était donc parfaitement suffisante, et la raison de la seconde fut bien telle que nous venons de l'exposer.

Ce fut le mercredi 30 octobre 1867, qu'eut lieu, dans l'église de la maison-mère, la seconde profession de sœur Marie-Bernard. La cérémonie fut présidée, comme de coutume, par l'Evêque diocésain. Il ne s'y passa rien d'extraordinaire.

IV

SES EMPLOIS

Assigner une destination et donner un emploi quelconque à sœur Marie-Bernard, devenue professe, n'était pas chose facile. Sa mauvaise santé n'en était ni la première, ni la principale cause. Ce qui constituait la vraie difficulté, c'est qu'on voyait de sérieux inconvénients, soit à la garder dans la maison-mère, soit à l'envoyer dans une maison particulière.

Les emplois de la maison-mère, même les moins élevés, sont considérés comme les premiers de la congrégation. On n'y appelle jamais les nouvelles professes, et l'on estime faire honneur non-seulement aux anciennes, mais aux supérieures locales, quand on les leur confie. Faire une exception en faveur de sœur Marie-Bernard, n'était-ce pas lui donner trop d'importance et l'exposer à plus d'un danger pour son âme ?

D'un autre côté, comment la supérieure d'une

petite maison, ouverte à tout venant, pourrait-elle la défendre contre la curiosité publique, alors que la supérieure générale, avec ses sœurs portières et son nombreux personnel, avait déjà beaucoup de peine à y réussir ?

Le cas était réellement fort embarrassant, et j'avoue que pour mon compte je me sentais incapable d'en trouver une satisfaisante solution. Mais la chère mère Joséphine Imbert, dont l'esprit était infiniment plus fécond, ne la chercha pas longtemps, et me la fit bientôt connaître, en m'apprenant le rôle que, pour la mettre en œuvre, j'aurais personnellement à jouer.

Voici comment les choses se passèrent.

Il est d'usage, les jours de profession, de réunir, à un moment donné de l'après-midi, les nouvelles professes avec toute la communauté dans la grande salle du noviciat. Puis on prie l'Evêque de Nevers, qui a présidé le matin la cérémonie et n'a pas encore quitté la maison, de donner lui-même le crucifix, le livre des constitutions et la première lettre d'obédience à chacune des nouvelles professes qui viennent défiler devant lui, sur l'appel de la maîtresse des novices.

Le jour de la profession de sœur Marie-Bernard, elle seule ne fut pas comprise dans cet appel, et pour elle seule on n'avait pas préparé de lettre d'obédience, suivant ce qui avait été convenu entre la mère générale et moi. Je dis alors à haute voix :

« Pour quelle raison n'a-t-on pas appelé sœur Marie-Bernard, et ne m'a-t-on pas remis pour elle une lettre d'obédience ?

La supérieure générale se lève, et prenant son grand air :

« Monseigneur, il n'a pas été possible de lui assigner une obédience ; c'est une petite sotte qui n'est bonne à rien. »

Rien que cela, et elle se rassoit.

L'Evêque :

« Sœur Marie-Bernard, arrivez ici. »

Elle vient s'agenouiller à mes pieds.

— « Vous n'êtes donc bonne à rien ? »

— « La mère générale ne se trompe pas ; c'est bien vrai. »

— « Mais alors, ma pauvre enfant, qu'allons-nous faire de vous, et à quoi bon votre entrée dans la congrégation ? »

— « C'est justement ce que je vous ai dit à

Lourdes, et vous m'avez répondu que cela ne ferait rien. »

Je ne m'attendais aucunement à cette réplique, que n'avait pas prévue l'auteur du petit drame, et franchement je ne savais plus que dire. Heureusement, l'excellente mère Joséphine, qui n'était jamais à court, vient à la rescousse. Elle se lève de nouveau :

« Si vous le voulez bien, Monseigneur, nous pourrons la garder par charité à la maison-mère et l'employer de quelque manière à l'infirmerie. Comme elle est presque toujours malade, ce sera précisément son affaire.

« Pour commencer, elle sera simplement chargée du nettoyage ; puis on pourra la mettre plus tard à faire de la tisane, s'il y a jamais moyen de le lui apprendre. »

Il n'y avait certes pas là de quoi lui faire donner de la tête dans les étoiles. Je réponds :

« Agréé. »

Le nettoyage d'une infirmerie n'est pas seulement un humble emploi ; on comprend assez que de sa nature il n'a rien d'agréable, et, quand il faut l'exercer dans une nombreuse communauté, c'est évidemment un emploi fort pénible.

Cependant sœur Marie-Bernard l'accepta sans ombre de difficulté, ne s'en plaignit jamais, ne manifesta jamais le désir d'en obtenir un autre, et le garda longtemps en s'en acquittant de son mieux. Elle en fut tirée, dans la suite, mais ce fut uniquement, si j'ai bonne mémoire, sur la demande du médecin, qui voyait du danger à ce qu'on laissât végéter indéfiniment, dans l'air méphitique d'une infirmerie, un sujet aussi maladif.

Elle fut alors envoyée comme seconde à la sacristie, sous les ordres de la sacristine la plus accomplie que j'aie jamais rencontrée. C'était sans aucun doute un emploi qui devait être, à toute espèce de titres, beaucoup plus à son gré que le précédent. Toutefois, elle ne me l'a jamais dit, et je n'ai jamais pu connaître au juste l'impression produite sur elle par ce changement. Elle ne savait qu'obéir aveuglément, sans en témoigner dans aucune circonstance ni joie ni peine.

D'ailleurs, au-dessus de ces emplois subalternes, que son humilité était loin de dédaigner, mais dont elle n'était réellement investie que pour la forme, elle eut toujours un emploi bien supérieur qu'elle tenait directement de Dieu, et qui fut, à vrai dire, dans sa vie religieuse son unique emploi. C'était l'emploi de victime pour l'expiation de nos péchés, et conséquemment pour le triomphe de l'Eglise et le salut de la France.

De là cette incroyable complication d'infirmités irrémédiables, dont une seule aurait suffi, selon les lois communes de notre frêle organisme, pour la conduire promptement au tombeau. Il a fallu un véritable miracle pour que sa vie y résistât pendant plus de douze ans ; mais aussi, durant cette longue période, quel poids accablant de continuelles et effroyables souffrances !

Comment a-t-elle accepté et supporté cette interminable passion ?

Nous avouerons sans détour que ce ne fut pas à tous les yeux d'une manière irréprochable. Certains mouvements d'impatience, certaines vivacités, certaines boutades même, ont quelquefois étonné et péniblement impressionné les sœurs qui la soignaient. Mais ces petits écarts provenaient uniquement de la surexcitation irrésistible où la jetaient quelques-unes de ses crises, et il est juste comme charitable de penser qu'elle n'en était point coupable devant Dieu, parce qu'alors elle ne jouissait pas suffisamment de son libre arbitre. Au plus intime de son âme, elle n'en restait pas moins, nous le savons, soumise et résignée, reconnaissante même et joyeuse. Ce qui le prouve bien, c'est que, dès qu'elle se retrouvait elle-même, elle s'empressait de gémir et de s'humilier au sujet de ces simples cris de la nature, dans lesquels sa volonté avait si peu de part.

Quoi qu'on se plaise à lui attribuer aujourd'hui nombre de belles phrases, que pour mon compte je n'ai jamais entendues, j'ai toujours remarqué qu'elle souffrait, comme elle faisait toutes choses, *simplement et sans phrases*. N'est-ce pas ainsi qu'a souffert le premier Notre divin Modèle, et est-il par conséquent une meilleure et plus chrétienne manière de souffrir ?

Tirons-en cette conclusion que Bernadette s'est acquittée dignement et saintement de son grand emploi de victime, et que l'odeur de son sacrifice a été très agréable à Dieu : *Odor suavissimus victimæ Domini* (1).

Il est même permis d'espérer que ce sacrifice a maintenant atteint son but, puisque le ciel vient d'y mettre un terme, et que le jour n'est plus éloigné où nous recueillerons dans la joie ce qui a été semé pour nous dans les larmes.

(1) Exod. XXIX, 18.

V

SA VIE CACHÉE

Dès le premier jour où la divine Providence, plaçant Bernadette sous mon autorité, daigna m'en constituer le gardien, je pris la ferme résolution de la soustraire absolument à la curiosité publique. La Rév. mère supérieure générale partageait entièrement mes vues à ce sujet, et l'humble enfant qui nous était confiée ne désirait rien tant elle-même que de se dérober à tous les regards. Son principal attrait était manifestement pour la vie cachée.

Mais il nous fallut quelquefois du courage et de l'énergie, surtout dans les premiers temps de son séjour à Nevers, pour résister aux pressantes instances des nombreux visiteurs qui désiraient l'entretenir ou pour le moins la voir. Il nous était souvent bien pénible de refuser cette consolation à des personnes qui nous paraissaient infiniment respectables, venaient quelquefois de très-loin, et mêlaient des larmes à leurs supplications. Leur céder aurait rendu toute vie religieuse impossible, et pour Bernadette, et pour la communauté ; quoi qu'il nous en coûtât, nous restions inflexibles.

Nous avions à craindre, d'ailleurs, d'autres inconvénients, qui n'auraient point été moins graves. On en jugera par le trait suivant, qui paraîtra fabuleux et est pourtant exact.

Bernadette n'avait pas encore terminé son noviciat, quand un beau jour se présente à la porte du couvent un homme encore jeune, vêtu avec élégance et de manières distinguées. D'un ton fort dégagé, quoique convenable, il demande à la voir, comme s'il s'agissait de la chose du monde la plus simple. La sœur portière lui répond qu'il faut pour cela ma permission, et qu'il est inutile d'aller me la demander, attendu que je ne l'accorde à personne.

— « Mais pourtant, ma sœur, il est de toute nécessité que je voie au plus tôt Bernadette pour une communication des plus importantes. Annoncez-moi du moins à madame la supérieure générale qui ne se montrera peut-être pas trop inexorable. Je suis le comte de X. »

Et il décline un assez joli nom.

La mère générale consent à recevoir ce haut personnage, et le prie de lui faire connaître l'objet de sa visite.

— « Il s'agit, madame, d'une question si délicate que je ne puis m'en ouvrir qu'à Bernadette seule. »

— « Vous devez comprendre, M. le comte, qu'il m'est rigoureusement impossible de vous mettre en rapport avec elle, si vous ne consentez à me donner au moins une idée sommaire de la nature de cette question. »

— « C'est précisément sa nature qui ne me permet pas de m'en expliquer avec vous. Tout ce que je puis vous dire, c'est que l'affaire dont j'ai à l'entretenir est pour elle, autant que pour moi-même, d'un très-haut intérêt.

— « Si vous ne pouvez m'en dire davantage, je le regrette infiniment, mais vous ne la verrez pas. »

— « Cependant, madame,..... »

— « Comment , Monsieur , vous prétendez que.....! »

— « Madame, vous assumez sur vous une grave responsabilité, beaucoup plus grave que vous ne pouvez l'imaginer ! »

— « J'en assumerais une qui me pèserait bien autrement, si je cédais à vos instances. »

D'un air noblement indigné :

— « Madame !.... »

— « Monsieur le comte, il est tout-à-fait inutile d'insister plus longtemps. »

Le comte, après un moment d'hésitation :

« Puisqu'il faut tout vous dire, madame, eh bien, je vous le dirai.

« Je veux me marier, il n'y a pas de mal à cela, et comme ma position et ma fortune me laissent une assez grande latitude pour mon choix, après y avoir mûrement réfléchi, je me suis décidé à offrir ma main à Bernadette. »

— « Mais, vous rêvez, Monsieur ! »

— « Madame, je ne rêve pas du tout ; j'ai au contraire parfaitement raisonné mon affaire. D'abord, il n'y a pas d'impossibilité du côté de la jeune personne, puisqu'elle n'a pas encore fait ses vœux, et, pour ce qui me concerne, je ne saurais être que flatté d'une telle alliance. Nous en avons déjà de très-belles dans notre famille ; toutefois ce sera la première avec une personne favorisée d'apparitions de la Sainte Vierge. Je ne ne serais pas fâché d'introduire ce nouvel élément de noblesse dans notre maison. »

— « Mais c'est une mauvaise plaisanterie ! »

— « Non, madame, je ne plaisante pas le moins du monde. Quoique je sois bon chrétien, je reconnais sans peine que je suis peu digne d'une si sainte alliance ; mais, que voulez-vous, dans les affaires de mariage, comme dans toutes les autres, les avantages et les désavantages se balancent. J'ai un nom, un titre et de la fortune ; elle n'a rien de tout cela : voilà mon contrepoids. »

— « Mais pour qui nous prenez-vous, et quelle idée vous faites-vous de Bernadette elle-même ? Comment pouvez-vous imaginer que cette pauvre enfant consentira jamais à se marier, au moment même où Dieu l'appelle à la vie religieuse ? »

— « Ma proposition sera précisément l'épreuve de sa vocation. Si elle l'accepte, il vous deviendra facile d'en conclure qu'elle en avait peu ; si elle ne l'accepte pas, vous serez assurée qu'elle en a beaucoup, sans compter que ce refus ajoutera singulièrement à son mérite devant Dieu et devant les hommes. »

— « Assez, Monsieur, assez ; si c'est pour cela

que vous êtes venu, vous avez fait un voyage bien inutile. J'ai l'honneur de vous saluer. »

En se retirant avec une figure profondément déconfite :

— « Mais au moins, madame, vous lui parlerez de moi et vous lui ferez connaître mes généreuses intentions. Avant de faire ses vœux, il faut pourtant bien qu'elle sache un peu ce qu'elle perd. »

Cet original eut encore la naïveté d'écrire, quelques jours plus tard, à la supérieure générale, pour lui demander l'effet produit sur Bernadette par sa proposition. Bien entendu, on ne lui répondit pas, et ainsi se termina l'aventure.

Ce curieux épisode suffira, je l'espère, pour me justifier du reproche de sévérité excessive qu'on m'a plus d'une fois adressé. Les seuls personnages que j'admettais, non-seulement sans difficulté, mais avec empressement, c'étaient mes vénérables collègues dans l'épiscopat J'attachais naturellement beau-de prix au jugement qu'ils pouvaient porter *de visu* sur notre chère Bernadette.

J'ai eu la satisfaction de la mettre successivement aux pieds de S. E. le Cardinal Donnat, de S. Exc. le Nonce Apostolique, qui était alors Mgr Chigi, et de plusieurs autres Evêques. Elle a produit sur tous sans exception l'impression la plus favorable, et je n'ai jamais remarqué que la bienveillante attention dont elle était l'objet de la part de ces Princes de l'Eglise portât la moindre atteinte à son humilité. Tout en se montrant très respectueuse, elle restait aussi simple et aussi naturelle vis-à-vis d'eux que vis-à-vis du commun des mortels.

M'apercevant un jour qu'un très-haut Prélat était tombé comme en extase devant elle, je craignis qu'elle ne s'en aperçût elle-même, et je lui dis brusquement d'un ton très-sec : « Qu'attendez-vous encore ? On vous a vue, cela suffit, et l'on n'a plus besoin de vous. » Elle se retira immédiatement, sans dire un mot, sans témoigner aucune peine, et même en me souriant.

Mais deux visites épiscopales méritent, entre toutes, d'être racontées avec quelque détail. Il s'agit d'abord de celle de Mgr Landriot, Archevêque de Reims, puis de celle de Mgr Dupanloup, Evêque d'Orléans.

Visite de Mgr Landriot, Archevêque de Reims

J'aimais beaucoup cet excellent Prélat, qui me plaisait surtout par ses franches allures, et je crois qu'il me le rendait bien. Quoique nous n'eussions pas les mêmes idées sur tout point, nous n'avions jamais ensemble la moindre difficulté, et il existait même entre nous une familiarité, respectueuse sans doute, mais toute fraternelle.

Je ne me rappelle plus exactement en quelle année, il avait eu l'aimable attention de s'arrêter chez moi, en allant prendre quelques vacances au château du Jeu, sur les limites des diocèses d'Autun et de Nevers. Pendant le dîner, la conversation vint à tomber, je ne sais trop comment, sur Lourdes et sur Bernadette. Après avoir écouté quelques instants en silence, Mgr Landriot, avec son franc-parler ordinaire, me dit à brûle-pourpoint :

« Votre Bernadette, moi, je n'y crois pas ! »

— « Comme il vous plaîra, mon cher seigneur ; Bernadette n'est assurément pas un article de foi. Permettez-moi cependant de vous demander si vous l'avez jamais vue. »

— « Non, et je n'ai aucune envie de la voir. »

— « Pourquoi cela ? »

— « Parce que je n'y crois pas. »

— « Mais qui sait si, après l'avoir vue, vous n'y croiriez pas ? »

— « Il n'y a pas de danger ! »

Après le repas, dès que je pus me trouver seul avec mon vénérable ami, je ne lui dissimulai pas que je l'avais trouvé un peu vif à l'endroit de Bernadette, et je lui demandai formellement, en manière de réparation, d'aller la voir avec moi le lendemain matin.

« Vous êtes, lui dis-je, un savant homme et un habile ergoteur. Si vous parvenez à la dérouter sur le fait des apparitions de Lourdes, et à me démontrer ainsi, soit qu'elle se trompe, soit qu'elle nous trompe, vous me rendrez un grand service. Je ne tiens aucunement à faire vis-à-vis d'elle un métier de dupe, et je vous déclare que dans ce cas je la lâche immédiatement. »

Mon cher confrère me répondit du bout des lèvres : « Nous verrons cela, je ne vous dis pas non ; » mais il n'en restait pas moins clair que ma proposition ne lui souriait guère.

Néanmoins je fis atteler le lendemain, dès qu'il eut dit sa messe, et j'allai le prendre. Il dut me suivre bon gré mal gré, et pendant le court trajet qui sépare l'Evêché de Saint-Gildard, préparant sans doute sa thèse, il paraissait tout pensif.

On amène enfin devant nous sœur Marie-Bernard, et avec une sorte de petite rage il s'en donne à cœur-joie. Il la presse de questions et d'arguments, la tourne et la retourne dans tous les sens, comme aurait pu le faire un vieil examinateur de profession, entre les plus intraitables. La sœur, sans se déconcerter un instant, répond à tout en termes laconiques, mais clairs, précis et pleinement satisfaisants. Fatigué plus tôt qu'elle, il abandonne le terrain, et nous nous retirons.

Dès que nous sommes remontés en voiture : « Eh bien, me dit-il, maintenant j'y crois. J'y crois, parce que je suis battu, et que je ne puis m'expliquer comment, en dehors d'une assistance surnaturelle, une naïve et ignorante pastourelle des Pyrénées m'a si facilement et si complètement exécuté. »

Et ce ne fut pas sous la simple influence d'une impression passagère que l'illustre Archevêque de Reims me tint ce langage qui fait tant d'honneur à sa loyauté. Deux ou trois ans plus tard et sans que l'y eusse aucunement provoqué , je l'ai entendu s'exprimer encore, à peu près dans les mêmes termes, devant une nombreuse compagnie réunie au château du Jeu.

On conviendra sans doute que ce témoignage vaut bien celui de l'Apôtre S. Thomas.

Visite de Mgr Dupanloup, Evêque d'Orléans

Il vient de paraître sur cette visite un récit fantaisiste à l'excès.

On la place *sous l'épiscopat de Mgr de Ladoue*, elle eut lieu sous le mien ; *en hiver*, et c'était au printemps ; *le soir*, et ce fut en plein jour.

Mgr Dupanloup y est représenté comme un homme *de haute taille, d'aspect austère et distingué.* Nous verrons tout-à-l'heure s'il apparut alors sous cet aspect imposant.

Pour se faire reconnaître, ce prélat d'un geste dramatique *écarte son manteau noir* et montre *sa croix épiscopale.* Il était couvert d'une douillette et ne portait ni croix, ni anneau.

La supérieure s'incline, implore la bénédiction de l'illustre Prélat et va chercher Bernadette. La supérieure était malade et gardait le lit, ce qui ne pouvait lui rendre très-commodes ces diverses opérations. L'illustre Prélat ne la vit même pas.

Voici la véritable histoire :

Le 16 avril 1872, entre 4 et 5 heures de l'après-midi, se présente seul et fort humblement à la porte du couvent un vieil ecclésiastique de taille ordinaire, portant sur sa tête un vieux chapeau, sur ses épaules une vieille douillette, et sous son bras un vieux parapluie. Il demande à voir Bernadette.

La sœur de la porte lui répond, comme de coutume, qu'il faut ma permission, qu'il n'y aura pas moyen de l'obtenir, parce que je suis en tournée, et qu'en tout cas je ne l'accorde qu'aux Evêques.

— « Mais cela tombe bien, reprend le vieillard, je suis l'Evêque d'Orléans. »

Sur ce, la sœur fort étonnée le fait entrer au parloir, et s'en va en toute hâte prévenir l'une des assistantes. Elle lui tient à peu près ce langage :

« Il y a à la porte un vieux monsieur Prêtre qui demande à voir sœur Marie-Bernard et se dit Evêque d'Orléans. Mais ça n'a pas du tout l'air d'un Evêque ; c'est si minable ! »

Nous faisons grâce de la description pittoresque, mais peut-être un peu prolixe, de l'homme et de sa toilette. On peut se contenter de la quintessence du discours.

Le doute de la portière est partagé par l'assistante ; elle a peine à croire que le célèbre Evêque d'Orléans arrive seul et en si piteux équipage.

Elle va trouver dans sa chambre la supérieure générale, lui expose le cas, et lui demande ce qu'elle doit faire. La supérieure s'inquiète à son tour et craint également, dans une pareille incertitude, soit d'accorder, soit de refuser l'admission.

Cependant elle se décide, après quelques moments d'hésitation, à permettre que l'inconnu soit mis en rapport avec sœur Marie-Bernard, mais en recommandant bien à l'assistante de se tenir vis-à-vis de lui dans une grande réserve et de ne pas le quitter un instant.

Cette prudente consigne fut rigoureusement observée jusqu'à la fin de la visite. On ne fut entièrement rassuré que le lendemain sur l'identité de la personne.

Un si froid accueil ne déconcerte pas Mgr Dupanloup. Avec son ardeur ordinaire et sa ténacité bien connue, il soumet la pauvre Bernadette à une longue et rude question, et ne la lâche pas qu'il n'en ait tiré tout ce qu'il voulait en savoir.

Il se lève enfin et demande à l'assistante si l'on ne pourrait pas lui donner l'hospitalité pour la nuit dans quelque dépendance du couvent ou chez l'aumônier. On lui répond que c'est impossible et il se retire.

D'après le récit déjà cité, *en sortant de cet entretien, l'Evêque avait les yeux pleins de larmes* et il aurait dit : *Je viens de voir l'innocence d'une âme et l'irrésistible puissance de la vérité.*

Ces larmes et cette phrase alambiquée, dont je n'ai jamais entendu parler, me paraissent encore fort problématiques. Comment s'expliquer, à la suite d'une réception aussi glaciale, une pareille émotion et un tel épanchement? D'ailleurs, le grand Evêque d'Orléans ne larmoyait pas si facilement, et encore moins s'exprimait-il d'une façon aussi prétentieuse. Il parlait très simplement en conversation, comme le font tous les hommes vraiment supérieurs.

Quoi qu'il en soit, nous n'en avons pas moins la certitude qu'il sortit satisfait de son entrevue avec Bernadette, et que ses convictions sur le miracle de Lourdes, si elles n'étaient pas encore définitivement établies, le furent à dater de ce moment.

L'excellent Prélat vint dans la soirée demander l'hospitalité à l'Evêché. Il s'informa alors auprès de mon secrétaire, qui en mon absence lui en faisait les honneurs, de ce que je pensais au sujet de Bernadette, et celui-ci l'ayant assuré que j'avais une foi entière dans sa sincérité et dans la vérité de ses assertions :

« Moi aussi, répliqua-t-il, et je suis heureux de me trouver sur cette question pleinement d'accord avec votre Evêque. »

Cette simple affirmation, aussi explicite que possible, ajoute à tant d'autres témoignages celui d'un homme dont le nom fait autorité, non seulement dans l'Eglise, mais dans le monde.

Cependant aucun témoignage, si considérable qu'il soit, ne vaudra jamais comme démonstration le vrai portrait de l'humble Vierge de Lourdes. Où trouver une main assez habile et assez pieuse pour nous la retracer, telle que je l'ai connue et telle qu'elle fut ?

Qu'on cesse du moins de la défigurer, de parti pris ou par légèreté, en tronquant et en dénaturant son histoire. Par esprit de paix et de charité, j'en reste là pour aujourd'hui, mais, si l'on recommençait, je me verrais dans la douloureuse nécessité de tout dire. J'ai été le gardien de Bernadette ; je serai, s'il le faut, son vengeur.

FIN

POST-SCRIPTUM

Ce petit ouvrage était déjà sous presse quand M. Henri Lasserre m'a fait l'honneur de m'envoyer son nouveau livre intitulé : *Bernadette*. Il m'adressait en même temps une lettre hautaine et menaçante, qui dénote chez son auteur une audace peu commune.

Par égard pour lui, je n'avais pas voulu le nommer dans la *Notice* précédente, bien qu'elle eût pour objet principal de rectifier ce qu'il a récemment publié sur Bernadette dans la *Revue du Monde Catholique*. Je m'étais même abstenu, dans la charitable intention de sauvegarder son honneur, d'y relever une insinuation pour moi fort injurieuse. Mais la lettre et le livre que j'ai reçus transformant cette insinuation en une assertion positive, il ne m'est plus possible, à mon sincère regret, de garder le silence.

Soit dans la *Revue*, soit dans son livre, M. Lasserre écrit d'abord ce qui suit :

« Il y a plus de dix ans, nous eûmes l'occasion de « lui communiquer (*à Bernadette*) de nombreux frag- « ments d'un récit légendaire des Apparitions et de sa

« propre vie qui avait été composé par d'imprudents « esprits, sans le secours d'aucun document officiel, « sans aucune pièce de l'Evêché de Tarbes (nous les « avions encore en main), sans même que la Voyante « eût été seulement interrogée. La sœur Marie-Ber- « nard s'empressa tout aussitôt de protester, avec une « vive énergie, contre toutes les erreurs de ce récit, « leur opposant ses affirmations les plus précises, ses « souvenirs les plus distincts, son démenti le plus for- « mel. Elle nous remit, et nous avons en nos archives, « l'original de cette protestation, signée par elle en « présence de ses supérieures et contresignée par son « Evêque. Passons.....

(Suivent trois lignes de points dans la Revue du Monde Catholique, *cinq points seulement dans le livre,* (1).

Telle est l'insinuation, et maintenant voici l'assertion :

« Les termes de la protestation de Bernadette contre « cette légende apocryphe (dont nous pouvons parler « ici avec d'autant plus de liberté que nous n'en nom- « mons ni n'en désignons les auteurs), les termes de « cette protestation étaient tellement nets, précis, j'al- « lais dire foudroyants, que nous résolûmes, dans un « esprit de charité, de ne point publier ce document et

(1) *Revue du Monde Catholique*, n° du 15 mai 1879, — *Bernadette*, p. 269.

« de nous borner à le communiquer à l'Evêque de « Tarbes, chargé d'être, en cette matière, le gardien « de la vérité historique et de veiller à ce qu'elle ne « fût point altérée. C'est ce que nous déclarâmes à « Mgr de Nevers.

« Sa Grandeur, après s'être rendu compte de tout, « donna donc en ces termes son sceau à ce grave docu- « ment :

« *Je permets à la sœur Marie-Bernard de signer, « sur la promesse faite à moi par M. Henri Lasserre, « que ce document sera communiqué à Mgr l'Evêque « de Tarbes et ne sera point publié.*

« ✝ Augustin, *Ev. de Nevers.*

On a déjà vu, à l'occasion de la visite de Mgr Dupanloup à Bernadette, comment M. Lasserre écrit l'histoire (1) ; mais ici il se surpasse encore, et c'est d'autant plus fâcheux que la matière est plus grave. On ne peut d'ailleurs invoquer en sa faveur les circonstances atténuantes de l'ignorance ou de la légèreté, qui n'excluent pas la bonne foi.

Aux contre-vérités ci-dessus énoncées, nous opposons les faits suivants :

Dans la matinée du 13 octobre 1869, M. Lasserre m'arrive soudain à l'Evêché de Nevers, et me demande

(1) Voir ci-dessus, p. 47.

la permission de voir Bernadette. Il avait besoin, disait-il, de lui poser quelques questions pour s'assurer qu'il n'avait rien avancé d'inexact dans son ouvrage de *Notre-Dame de Lourdes*, pour *se contrôler lui-même*, suivant son expression.

Je ne le connaissais encore que par cet ouvrage, que j'avais lu avec plaisir, et au sujet duquel je lui avais adressé un compliment très sincère (1). J'ignorais d'ailleurs absolument qu'il fût en difficulté avec Mgr l'Evêque de Tarbes et les missionnaires de Lourdes. Il trouva donc près de moi le meilleur accueil, et, malgré ma résolution de préserver Bernadette de toute visite, je n'hésitai pas à faire une exception en sa faveur, à cause du motif plausible qu'il faisait valoir.

Il me quitte de suite pour courir à la maison-mère des sœurs de Nevers, et je ne le revois plus qu'à l'heure du dîner, c'est-à-dire à six heures et demie du soir. Le repas, auquel j'avais en son honneur convié quelques amis, se passa sans incident notable.

Mais à peine sommes-nous levés de table et entrés

(1) M. Henri Lasserre vient de publier cette lettre, d'un caractère essentiellement privé, sans m'en demander la permission, et en ayant soin d'en supprimer la date pour une raison facile à comprendre. C'est peu délicat de sa part, mais que m'importe? J'ai dit loyalement ce que je pensais alors, avant de connaître l'homme et ses agissements. Je n'ai point à en rougir, il me suffit de me dédire, et je ne demande pas mieux.

dans le salon, que M. Lasserre me prie à l'oreille de le conduire dans mon cabinet pour me dire un mot en particulier. Je n'avais aucune défiance; j'y consens avec empressement.

Il étale alors sur mon bureau deux ou trois grandes pages couvertes de son écriture ; il me dit que c'est le résumé de son entretien avec la sœur Marie-Bernard ; que ce résumé a été rédigé en quelque sorte sous la dictée de celle-ci, et qu'elle ne veut pas cependant consentir à le signer sans ma permission. Il me demande en conséquence de l'autoriser à donner sa signature.

Comme il était parfaitement loisible à Bernadette de signer sans attendre cette autorisation, je comprends de suite que son refus doit provenir d'un autre motif et je réponds :

« Mais quel besoin avez-vous de cette signature ? Vous m'avez dit ce matin que votre seul but était de vous assurer de l'exactitude de vos récits. Ce but est atteint ; que voulez-vous de plus ? »

Sur ce, M. Lasserre entasse arguments sur arguments pour me prouver d'une façon singulièrement embrouillée que la signature lui est indispensable. Ce que je vis de plus clair dans cette obscure dissertation, c'est qu'il avait pour principal ou même unique objectif Mgr l'Evêque de Tarbes et les missionnaires de Lourdes. Dans mon for intérieur, j'en conclus qu'il ne doit pas être au mieux avec l'autorité diocésaine, et j'en deviens de plus en plus circonspect.

Pour faire diversion, je lui fais observer qu'il m'a fait quitter le salon au moment même où nous sortions de table, qu'il y a déjà trop longtemps que j'en suis absent, et que je ne puis différer davantage d'y rentrer.

« Vous-même, ajoutai-je, vous devez être pressé de retourner vers mes hôtes qui ont été invités à votre intention. Nous reprendrons cette conversation après leur départ. »

— « Mais il sera trop tard ; Bernadette sera couchée, et je ne pourrai plus la faire signer. »

— « Eh bien, si elle ne signe pas ce soir, elle signera demain matin. Il n'y a pas si grand péril en la demeure ? »

— « Mais c'est impossible, il faut que je retourne chez moi par le train de minuit. »

Je lui demande ce qui le presse tant, et il en allègue d'assez pauvres raisons. Il ne m'est pas difficile de les réfuter, et j'insiste de nouveau pour renvoyer la question au lendemain. En dehors du motif que j'ai déjà donné, je désirais profiter de ce répit pour me procurer des nouvelles de l'entrevue, et savoir au juste pourquoi Bernadette faisait tant de façons pour signer.

« Puisqu'il faut tout vous dire, reprend M. Lasserre,

imaginez-vous que ma femme est sur le point d'accoucher, et que je ne sais pas même si en partant cette nuit j'arriverai à temps. »

Ce dernier argument, qui arrivait si bien pour les besoins de la cause, ne me parut pas plus fort que les autres ; mais il m'était moins aisé de le réfuter (1).

C'est alors que de guerre lasse, ou plutôt par considération pour mes invités et pour lui-même, qui était aussi mon hôte, je finis par lui dire :

« Eh bien, je consens à donner à Bernadette la permission de signer, mais c'est à la condition que vous me promettrez de communiquer ce document à Mgr de Tarbes et de ne jamais le publier. »

Après quelque hésitation, il me le promit formellement, et ce fut en conséquence de cette promesse que j'écrivis, non pas au bas de son grimoire, qu'il ne me laissa pas même le temps de parcourir, mais au coin de

(1) J'avais toujours craint d'avoir fait à ce sujet un jugement téméraire ; mais M. Lasserre vient de rassurer définitivement ma conscience. Dans un article qu'il intitule assez justement : *Histoire d'une histoire*, il écrit ce qui suit :

En quittant Bernadette et Nevers, j'allai, loin de toute distraction et de tout bruit, me retirer une quinzaine de jours chez les Chartreux, à Vauclair, dans la Dordogne.

C'est très-édifiant ; mais la pauvre Madame Lasserre !

Et il n'y a pas erreur de date. L'auteur parle bien ici de son départ de Nevers, après sa visite du 13 octobre 1869.

la marge, en haut de la première page, ce qu'il relate avec tant d'emphase : *Je permets*, etc. — Cette simple permission n'a pas d'ailleurs dans son expression, et avait encore moins dans ma pensée, la portée qu'il prétend lui donner.

Tenant enfin ces deux ou trois lignes insignifiantes, il retourne au plus vite à la maison-mère, use et abuse de mon nom pour s'en faire rouvrir les portes, et parvient à faire prendre pour un ordre ce qui n'était qu'une simple permission. C'est ainsi qu'il réussit à extorquer la signature de Bernadette, après avoir commencé par extorquer la mienne.

Quand je revis la supérieure générale, elle se plaignit amèrement à moi de la longue torture morale qu'il avait fait subir à la sœur Marie-Bernard, soit pour l'amener bon gré mal gré à parler dans son sens, soit pour lui faire signer, en dépit de toutes ses résistances, l'écrit dont il était en définitive le seul auteur responsable.

M. Lasserre a-t-il tenu du moins la double promesse qu'il m'avait faite ?

Lorsque, peu de temps après, arrivant à Rome pour le Concile, j'y rencontrai Mgr Laurence, ce vénérable Prélat me dit aussitôt:

« Quel tour m'avez-vous donc joué ? Depuis son voyage à Nevers, M. Lasserre ne cesse de me menacer de je ne sais quel document qui serait très-compromettant pour mes missionnaires de Lourdes et pour moi, et que vous auriez signé de concert avec Bernadette. »

— « C'est un document qui doit vous être bien connu ; M. Lasserre m'a formellement promis de vous le communiquer, etc. »

Et je lui racontai ce qui s'était passé.

« Il ne m'en a jamais montré une ligne, reprit Mgr de Tarbes. Il cherche seulement à s'en faire vis-à-vis de nous un moyen d'intimidation. »

Il ajouta : « Vous ne connaissiez donc pas cet homme-là ?..... »

— « Non, mais je commence à le connaître, et il ne m'y reprendra pas. »

Le pauvre Prélat mourut sans avoir jamais reçu la communication qu'on m'avait si positivement promis de lui faire.

La pièce, il est vrai, n'a pas encore été publiée, et la seule raison en est sans doute, M. Lasserre le sait mieux que personne, qu'elle n'a aucune valeur sérieuse. Mais, ce qui est bien pis, voilà tout-à-l'heure dix ans que son possesseur, s'en servant comme d'un épouvantail, en fatigue les Evêques de Tarbes, les missionnaires de Lourdes et moi-même.

Ce n'est pas là sans doute ce que j'ai voulu lui faire promettre, et ce qu'il m'avait réellement promis.

Et maintenant ai-je besoin de demander s'il est vrai :

1° *Que la sœur Marie-Bernard se soit empressée de protester tout aussitôt*, etc.

2° *Qu'elle ait remis* à M. Lasserre, comme s'il émanait d'elle-même, *l'original de cette protestation.*

3° *Que son Evêque ait*, à la façon d'un secrétaire, *contresigné ce document.*

4° Que M. Lasserre *ait* spontanément *résolu, dans un esprit de charité, de ne point publier ce document, et de se borner à le montrer à l'Evêque de Tarbes.*

5° *Que je me sois rendu compte de tout*, avant d'écrire en marge ce qu'il me fait écrire en queue.

Cet écrivain est du reste facétieux quand il préconise *les termes nets, précis, foudroyants*, d'un document dont il est le seul auteur.

Il l'est peut-être plus encore quand il stigmatise d'un air indigné *les récits légendaires* ou *les légendes apocryphes*, lui qui débite chaque jour au public sur le vénérable curé Peyramale et sur d'autres les plus incroyables légendes.

Il est si incapable de se contenir dans les limites de l'exacte vérité qu'il les franchit alors même qu'aucun intérêt appréciable ne saurait l'y déterminer. C'est ainsi qu'à la date du 15 mai de cette année, il reportait à *plus de dix ans* son premier entretien avec Bernadette, tandis qu'aujourd'hui même le fait n'est pas encore aussi vieux, puisqu'il eut lieu le 13 octobre 1869.

M. Henri Lasserre avait bien commencé ; Dieu lui fasse la grâce de bien finir ! Mais, en attendant, il fait plus de tort que personne à l'œuvre qu'il se flatte de servir. Enivré par le succès de son premier ouvrage, il s'est cru tout permis ; avec des vues fort peu surnaturelles, il a prétendu se faire comme un monopole du pèlerinage de Lourdes, et il a entrepris à cette fin de s'en attribuer la haute direction. Il y perd et y perdra son temps. Cette direction ne peut appartenir qu'à l'Evêque de Tarbes.

Aix, le 8 septembre 1879,
Fête de la Nativité de la Très-Sainte Vierge

TABLE

Pages

AVANT-PROPOS ... 5

I. Vocation de Bernadette ... 7

II. Son Noviciat ... 15

III. Sa Profession ... 23

IV. Ses emplois ... 30

V. Sa vie cachée ... 37

POST-SCRIPTUM ... 52

FIN DE LA TABLE

www.ingramcontent.com/pod-product-compliance
Ingram Content Group UK Ltd.
Pitfield, Milton Keynes, MK11 3LW, UK
UKHW020425180726
13839UKWH00003B/1385

9 782329 597867